Fortaleza mental en el fútbol

Coaching para mejorar la fuerza mental y tener una mentalidad ganadora

Chest Dugger

Tabla de contenidos

Tabla de contenidos 2
SOBRE EL AUTOR 4
DESCARGO DE RESPONSABILIDAD 5
Introducción: la importancia de la dureza mental 7
Comprender tu papel en el equipo 11
Llevarse bien con los compañeros de equipo 49
Responder a situaciones difíciles en el campo de juego 61
Responder a los fracasos y adversidades personales 76
Mejorar la disciplina a través de la dureza mental 89
Diez ejercicios mentales y visualizaciones 96
Cómo construir un plan de mejora del rendimiento personal 112
Conclusión 121

Regalo gratis incluido

Como parte de nuestra dedicación para ayudarte a tener éxito en tu carrera, te hemos enviado una hoja de ejercicios de fútbol gratuita. Esta es la hoja de ejercicios: "Hoja de trabajo de entrenamiento de fútbol". Es una lista de ejercicios que puedes usar para mejorar tu juego, así como una metodología para rastrear tu desempeño en estos ejercicios en el día a día. Queremos llevarte al siguiente nivel.

Haz clic en el siguiente enlace para obtener tu hoja de ejercicios gratis.

https://soccertrainingabiprod.gr8.com/

También puedes conseguir este libro en formato audiolibro gratis en Audible, junto con una membresía gratis de 1 mes en Audible. Solo tienes que inscribirte usando el enlace de abajo:

https://www.audible.com/pd/B07G24HPWN/?source_code=AUDFPWS0223189MWT-BK-ACX0-123516ef=acx_bty_BK_ACX0_123516_rh_us

SOBRE EL AUTOR

Chest Dugger es un nombre artístico para nuestra marca de entrenamiento de fútbol, Abiprod. Brindamos consejos de entrenamiento de fútbol de alta calidad, ejercicios, consejos de fitness y mentalidad para asegurarte el éxito.

Hemos sido fans de este hermoso deporte durante décadas. Como todos los aficionados al fútbol del mundo, vemos y jugamos este juego tanto como podemos. Así seamos fans del Manchester United, Real Madrid, Arsenal o el Galaxy de Los Ángeles, compartimos un amor común por este deporte.

A través de nuestras experiencias, hemos notado que hay muy poca información para los fanáticos del fútbol que quieren elevar su juego al siguiente nivel, o hacer que sus hijos den sus primeros pasos en este camino. Hay demasiada información en la web, y fuera de ella, todo es demasiado básico.

Al ser unos apasionados de este juego, queremos hacer llegar el mensaje al mayor número de personas posible. A través de nuestro blog de entrenadores de fútbol, libros y productos, nuestro objetivo es llevar el entrenamiento de fútbol de alta calidad al mundo. Cualquiera que sea apasionado por este deporte puede usar nuestras tácticas y estrategias.

DESCARGO DE RESPONSABILIDAD

Derechos de autor © 2020.

Todos los derechos reservados.

Ninguna parte de este libro puede ser transmitida o reproducida en ninguna forma, incluyendo la impresa, electrónica, fotocopiada, escaneada, mecánica o grabada sin el permiso previo del autor por escrito.

Si bien el autor ha hecho todo lo posible por garantizar la exactitud del contenido escrito, se aconseja a todos los lectores que sigan la información aquí mencionada por su cuenta y propio riesgo. El autor no se hace responsable de ningún daño personal o comercial causado por la información aquí presentada. Se alienta a todos los lectores a que busquen asesoramiento profesional cuando lo necesiten.

Introducción: la importancia de la dureza mental

Las cosas no siempre salen como queremos. Eso sucede en la vida, en nuestra carrera, en nuestras relaciones y, por supuesto, en el deporte. Ese dulce golpe de golf que aterriza perfectamente en la calle, y corre una y otra y otra vez directo al obstáculo de arena.

Imagina el día en que nuestro saque no funcione. ¿Hay algo más frustrante que enviar golpe tras golpe a la red? Bueno, por supuesto, hay muchas cosas más difíciles de soportar, pero no lo parece en este momento. O el día que jugamos contra el jefe en el squash, y apuntamos a empujarlo hasta el final antes de que nos derrote con una serie de voleas devastadoras y tiros sesgados a la esquina; excepto que no salen y terminamos ganando, sabiendo que el ascensor seguirá parando por nosotros en el quinto piso, al menos hasta la próxima vez.

Todos estos son ejemplos de deportes individuales; ocasiones en las que, si las cosas van en contra nuestra, solo sufrimos nosotros, por más molesto que sea. Pero en los juegos de equipo, como el fútbol, podemos terminar decepcionando a todo el grupo. Nadie quiere hacer eso. Tal vez, más significativamente, no queremos sentir el miedo a que eso suceda. A menudo el miedo a hacer algo malo, a cometer un error, a dar al árbitro la oportunidad de conceder un penal en nuestra contra, es lo que provoca ese desastre en particular.

La clave de los mejores jugadores es que tienen la fortaleza mental para superar estos momentos de adversidad; aceptar que a veces las cosas no salen como se espera, y habiéndolo aceptado, seguir adelante sin permitir que la confianza se desvanezca. Llámalo resistencia, espíritu, fuerza mental o lo que sea; sin duda esa mentalidad es tan crucial como tener las habilidades para jugar al nivel al que aspiramos.

Después de todo, todos podemos parecernos a Lionel Messi cuando las cosas van bien. (Ok, eso puede ser un poco exagerado, pero sabes lo que queremos decir). Es que cuando estamos dos a cero, el árbitro parece ver las cosas solo desde una perspectiva, y cada pase que hacemos termina yendo al equipo contrario, necesitamos cavar profundo y salir nadando de las olas de desánimo que están empezando a ahogarnos.

Arsène Wenger es uno de los entrenadores de fútbol más exitosos de todos los tiempos. Pasó la mayor parte de su carrera dirigiendo al equipo de la Premier League inglesa, el Arsenal, y ganó con él numerosos trofeos y campeonatos, incluyendo la única temporada invicta en la historia de la actual primera división inglesa.

Para este profesor francés, la "fuerza mental" es todo; es lo que convierte los empates en victorias. Es lo que consigue para un equipo esos empates de última hora, y hace que se aferre a la victoria incluso cuando parece inalcanzable.

De la misma manera que podemos ser mejores pasadores, tacleadores, tiradores y lectores del juego, podemos, con comprensión y práctica, desarrollar esa dureza mental que nos permitirá maximizar nuestro potencial y habilidad.

Comprender tu papel en el equipo

Nuestro papel en un equipo es el que nos ha dado el entrenador. Puede que a veces no nos guste, pero escuchar al "sabio" es la única forma tener éxito. En este capítulo consideraremos tanto las responsabilidades de posición en el juego moderno como el papel que cada jugador desempeña en términos de liderazgo, espíritu de equipo y contribución. Examinaremos las responsabilidades ofensivas, defensivas y las que surgen durante la etapa de transición.

Comencemos con la posición más idiosincrásica en el campo:

el portero

Introducción

Los clichés pueden decirse a menudo, pero eso no significa que no valga la pena considerar su verdad. Un delantero comete un error y pronto se olvida, sobre todo si igual encuentra la red más tarde en el juego. Cuando un portero hace un aullido... eso es noticia de primera plana.

El papel del portero está cambiando y estamos viendo el surgimiento del portero/jugador. Para muchos de los mejores equipos del mundo, ya no es suficiente tener un jugador entre los postes que sea un tapón de tiro fiable y pueda lanzar el balón a la mitad del campo. No, los entrenadores más modernos requieren un jugador que pueda hacer eso, pero que también pueda jugar al fútbol con los pies; un jugador con la visión de encontrar un pase de calidad para iniciar un ataque, y que esté lo suficientemente cómodo con el balón para recibirlo bajo presión.

Por supuesto, con cualquier nuevo fenómeno, esto va a tardar un tiempo en establecerse. Simplemente no hay suficientes porteros de alto nivel que también sean futbolistas fuertes, en el sentido correcto de la palabra, para ir por ahí. Pero si esto se convierte en una tendencia que se afianza de forma firme y permanente, las implicaciones para los porteros serán considerables.

Los mejores clubes ya están cambiando la forma en que entrenan a sus jugadores número uno. Se pasa menos tiempo con los entrenadores especialistas y más con los ejercicios de todo el equipo.

Sin embargo, el papel natural del portero/jugador es difícil. Todo el mundo comete errores; todos los jugadores, incluso el mejor, son sorprendidos en posesión de vez en cuando. Los entrenadores rivales, al darse cuenta de esto, están dispuestos a presionar a su portero de una manera que no habría ocurrido cinco años atrás. En este momento, el jurado está considerando si la amenaza extra de sacar a dos jugadores de su formación defensiva, dejando espacio atrás, ofrece una recompensa suficientemente regular para desposeer a un portero, lo que lleva a una puntuación fácil, o más probablemente, forzando un despeje apresurado que delata la posesión.

La dureza mental en un portero siempre ha sido esencial; ahora, lo es más que nunca.

Responsabilidades defensivas

Una afirmación muy fácil: el portero es la última línea de defensa. Es el jugador que impide el gol. Pero el puesto también requiere una habilidad que encaje con el estado mental del equipo. Un portero que inspira confianza, que es dominante cuando viene por el balón, hace una unidad defensiva más fuerte.

Los medios centrales toman mejores decisiones cuando no tienen ni la mitad del ojo puesto en lo que hace su portero. Por lo tanto, un portero debe tener confianza, ser claro en la comunicación y estar preparado para tomar decisiones.

Responsabilidades ofensivas y en la transición

Ya hemos considerado el papel ofensivo del portero moderno que está en proceso de cambio. Hoy en día, los jugadores en esta posición deben dedicar un tiempo al entrenamiento con los pies. Deben tener la confianza de golpear el balón limpiamente con cualquier pie; su primer toque debe ser fuerte, ya que es probable que se encuentren bajo más presión que antes.

Un portero debe trabajar en la lectura del juego para tomar las mejores decisiones con respecto al lanzamiento de una nueva ofensiva. Un claro ejemplo reciente para ilustrar este punto sucedió en el torneo internacional de la Copa de las Naciones. Inglaterra jugaba contra España en Sevilla; los españoles se mantenían invictos en casa en un partido competitivo durante más de una década.

Generalmente, a Inglaterra le gusta construir desde atrás. El director técnico, Gareth Southgate, ha rechazado el tradicional placaje duro, con cuatro patas grandes en favor de jugadores más cultos, y ha extendido esto a su portero. Sin embargo, en esta ocasión, ese guardabosques, Jordan Pickford, recogió un tiro fácil tras un momento de presión española.

Jordan observó que el equipo español había presionado hacia adelante, dejándolos estirados en la parte posterior. Tomó la decisión instantánea de dar una patada larga y plana. Su autorización -pase de manos es un mejor término- - fue precisa, y la tomó el delantero inglés Harry Kane, a treinta y cinco metros del arco. Controló la pelota en el espacio (relativo) usando su pecho. Ningún jugador español pudo acercarse a él y mantuvo el balón en alto hasta que un rápido y amplio atacante, Marcus Rashford, pudo unirse al ataque antes que la desesperada defensa española. El pase fue bueno, Rashford marcó un gol, e Inglaterra terminó con el récord español ganando 3-2.

El gol, sin embargo, fue creado por la conciencia mental del portero. Su pase fue arriesgado; a menudo no salía, pero estaba preparado para hacerlo en la medida de que se cree una oportunidad de gol.

¿Recuerdas los días en que hacías cola en los campos fríos de fútbol en la escuela o en el club? ¿El mejor jugador que se ha quedado al frente? ¿El más alto en la defensa central, el más lento en el gol? ¿Y qué hay del jugador más débil de la sesión? ¡Atrás! Ahí parado en la línea de medio camino, sabiendo que la pelota, probablemente, no vendría.

Y si te llamaban para defender... bueno, ¿realmente ibas a acercarte a ese extremo con patines propulsados por cohetes en lugar de botines

Los fullbacks o wingbacks

Introducción

Los tiempos cambian. El escenario descrito anteriormente refleja una época pasada. Muchos argumentarían que, en el juego moderno, el fullback tiene que ser el jugador más versátil del campo. Eso en sí mismo requiere de dureza mental, porque los fullbacks se enfrentan a constantes críticas de sus colegas defensivos por avanzar demasiado y dejar espacios después de la transición. Retente para preservar la seguridad, y los colegas ofensivos se quejarán de la falta de un amplio apoyo.

Responsabilidades defensivas

Prevención y cobertura: la espalda completa buscará evitar que un alerón cree estragos. Deben tener la conciencia mental para asegurarse de que no terminen como el jugador más profundo en el lado equivocado del campo, jugando así a los oponentes en el lado contrario.

También deben cubrir. Cuando un defensor central es sacado de su posición, es el fullback quien, más a menudo, interviene. Por lo tanto, es necesario juzgar cuándo hacer el desafío y cuándo frenar un ataque, forzando a un oponente a abrirse o retrocediendo hasta que llegue el apoyo defensivo.

Responsabilidades ofensivas

Estas responsabilidades son las que han crecido significativamente en las dos últimas décadas. Como el extremo tradicional se ha desvanecido en muchos equipos, estos necesitan un jugador que pueda adelantarse en una posición amplia para crear espacio en el centro y lanzar un centro preciso.

Por lo tanto, las habilidades para vencer a un defensor y entregar ese centro; para golpear el balón (a menudo la primera vez) con velocidad y desvío al entregarlo en el área, son cruciales para un fullback versátil.

Jugar como lateral tiene responsabilidades similares, pero aquí el tercer defensa central crea una licencia adicional para avanzar.

Responsabilidades en la transición

Tal vez es aquí donde el fullback necesita la mejor conciencia mental. A menudo, será el jugador que se lance al ataque cuando se gana el balón, y deje un espacio para ser explotado cuando se pierda el balón.

Por lo tanto, la toma de decisiones sobre cuándo avanzar y la comunicación son habilidades clave. Los buenos entrenadores habrán explicado su visión del papel con claridad a todos los fullbacks. Es una posición que requiere de gran habilidad y ritmo, pero también ofrece vulnerabilidad a la forma defensiva de un equipo.

Ejemplos de juego profesional

Es hora de una pequeña prueba. Nombra a los cinco mejores delanteros del mundo. ¿Ok? Unos pocos, sin duda. Ahora, los cinco mejores centrocampistas centrales. ¿Busquets? ¿Entra Ozil, su paso mercurial supera sus debilidades defensivas? ¿Ngolo Kante, el hombre que corre eternamente?

A continuación, nombra los cinco mejores fullbacks. El gran Cafú brasileño una vez lamentó los horrores de esta posición. Corre más que nadie. Raramente anotan. Se les echa la culpa cuando están fuera de posición. Se les regaña cuando no presionan lo suficiente.

Tal vez, el mejor jugador en esa posición de la era más reciente es el exjugador mundial alemán y ganador de la Liga de Campeones Phillip Lahm; fuerte en el tackle, un excelente tomador de decisiones, rápido y fuerte en la pelota. No sorprende saber que fue capitán de su club y de la selección nacional.

Es hora de pasar a los líderes naturales. Los jugadores con los que nadie se mete...

Los defensores centrales

Introducción

Es hora de otra prueba. ¿Quiénes son los mayores líderes de la historia del fútbol? Entre los nombres en los que muchos pensarán están

Bobby Moore y Franz Beckenbauer; Tony Adams, Paulo Maldini, Vincent Kompany y John Terry.

Hombres con su orgullo nacional y de equipo blasonado en su piel. Hombres que atravesarían las paredes por su club.

Hombres que jugaron en el centro del campo.

Responsabilidades defensivas

La batalla de Santiago: Italia contra la nación anfitriona Chile en la Copa Mundial de 1962. ¿Fue el partido internacional más violento de la historia? De hecho, fue un juego que avergonzó a la competencia. Los jugadores cometieron agresiones físicas entre sí mientras el desafortunado árbitro corría tratando de resolver incidentes. Era como ver a un profesor inepto intentar controlar una clase de niños rebeldes de catorce años.

Pero durante la mayor parte de la historia del fútbol, esa fue la percepción de la mitad central. El ejecutor; el jugador cuyo trabajo era impedir que los oponentes jugaran. Fuerte en el aire, aterrador en el aparejo. El ritmo no importaba porque, seamos sinceros, por muy rápido que sea un delantero, se ralentizará si su pierna izquierda cuelga.

Afortunadamente, el juego ha cambiado. El MMA creció en popularidad y ya no tiene que ser un espectáculo secundario a un partido de fútbol. Las autoridades decidieron que la entrada por detrás constituía una tarjeta amarilla automática, incluso si se ganaba el balón... y el centro cambiaba de la noche a la mañana.

Muchos lloran por los viejos tiempos (excepto los huelguistas). Pero las habilidades clave de la defensa, en realidad, no cambian. Sí, cabecear y, definitivamente, placaje, pero lo más importante es que un medio centro debe ser un buen líder. Necesita organizar una defensa, comunicarse y tomar las mejores decisiones. Necesita recuperarse rápidamente demuestren caso de que esas decisiones sean erróneas.

Responsabilidades ofensivas

Correr hacia adelante para la bola muerta; ganar un cabezazo y volver para el saque de meta. Todavía hay un elemento de esto en el juego del defensor central ofensivo. Tiende, con cada vez menos regularidad, a ser el mayor jugador de campo en el campo. También suele darle los mejores cabezazos a la pelota. Ahora, el mediocentro es un verdadero futbolista. La rareza que solía ser el líbero- el centro de juego de la pelota-; ahora, tiene que ser un lugar común.

Si lo pensamos, tiene sentido. La capacidad de pasar desencadenará un ataque rápido, y permitirá a los mejores jugadores adoptar una posición inicial más arriba en el campo, donde pueden hacer más daño. Salir de la defensa con el balón compromete a los jugadores del equipo contrario. A su vez, crea más espacio.

Responsabilidades en la transición

Con frecuencia, la mitad central es quien recupera la posesión del balón. Mentalmente, los jugadores necesitan ver el pase rápido del delantero para aprovechar la desorganización defensiva de su oponente, que viene con el ataque. Físicamente, deben ser capaces de entregar ese pase.

Por otro lado, el papel de la mitad central, cuando se pierde la posesión, es conseguir que la unidad defensiva se organice lo más rápido posible.

Ejemplos de juego profesional

Con los defensores de hoy en día, más constructivos que los jugadores destructivos, podemos volver a la década de 1950 para descubrir el prototipo de este tipo de jugador: John Charles, el gentil gigante que viajó desde Leeds United a la Juventus (era raro viajar por Europa en esos días, especialmente desde Inglaterra. Los recuerdos de la guerra eran demasiado crudos). John Charles tenía la fuerza física y la robustez para jugar de mediocentro y la habilidad con el balón para jugar de delantero central.

Habría sido hecho a medida para el juego moderno.

Si hay dos posiciones que han cambiado más que cualquier otra en el juego moderno, una es la aparición del número 10 y otra, el MCD:

El MCD (mediocentro defensivo)

Introducción

Cada equipo de primera tiene uno. Fernandinho en el Manchester City; Sergio Busquets en el Barcelona y Xabi Alonso para sus rivales del Real Madrid. Cuando el partido entre el Arsenal y el Manchester United dominó la Premier League en Inglaterra, fue Patrick Vieira contra el temible Roy Keane. Ngolo Kante fue, quizás, el jugador clave en la reciente campaña victoriosa de Francia en la Copa del Mundo.

Estos son jugadores que necesitan disciplina. Por definición, tienden a ser personalidades duras y comprometidas, a poner el equipo antes que el individuo, a evitar la oportunidad de irrumpir en el área de penalización del oponente con la plena conciencia de que mantener su propia posición es clave para el éxito de su equipo a largo plazo.

Responsabilidades defensivas

El MCD es el jugador que protege la defensa. Es el jugador que cubre cuando un defensor se dirige hacia adelante, y está preparado para cometer la falta "profesional" para romper la ruptura de un oponente.

Responsabilidades ofensivas

Ganar el balón, y llevarlo hacia adelante. Simple.

Responsabilidades en la transición

Ver arriba.

Ejemplos de juego profesional

Esta sección ha sido deliberadamente corta. Eso se debe a que el MCD es el jugador con el trabajo más sencillo, incluso más que el portero, en el juego de hoy en día. Gana el balón y detiene a la oposición. Ese es el trabajo. Si lo hace bien, los ganadores del partido asegurarán el juego.

Es difícil mirar más allá de Ngolo Kante para ver un mejor ejemplo. Kante es el profesional perfecto de fútbol moderno. En casi todos los partidos, cubre más del campo que cualquier otro jugador. Es frecuentemente el número uno en las estadísticas de entrega de la posesión. Es muy hábil, pero sacrifica las oportunidades de gloria personal para hacer el trabajo sucio del equipo.

En las últimas tres temporadas ha ganado la Premier League en dos ocasiones (con diferentes equipos), incluyendo como eje del asombroso galope de gloria por el Leicester City (un equipo provincial no reconocido que suele rondar entre los dos primeros niveles del fútbol inglés), y ha ganado la Copa del Mundo con Francia.

Si el MCD es el héroe no reconocido de un equipo, entonces los jugadores que lo rodean son los chicos del cartel. Los mediocampistas ofensivos: receptores de goles, máquinas de placajes, pasadores hábiles.

Atacara los centrocampistas

Introducción

Esta sección del capítulo es la más difícil de definir. ¿Qué es un mediocampista de ataque? Si evitamos la respuesta obviamente simplista de un mediocampista que ataca, este jugador es difícil de encasillar. Se incluye a los jugadores que hacen carreras de última hora hacia el cuadro, anotando números significativos desde el fondo. Podrían incluirse a los jugadores amplios, e incluso a los 10.

Mientras que un mediocampista ofensivo tiene más licencia para avanzar que el MCD, también tiene sus deberes defensivos. Por lo tanto, es un papel complejo, que requiere de inteligencia deportiva, fortaleza mental, buen estado físico, ritmo y habilidades fuertes.

Responsabilidades defensivas

El mediocampista ofensivo a menudo tendrá que presionar al rival. De esta manera, él o ella negará a sus oponentes el espacio para causar daño. Seguirán las carreras y mantendrán su forma (normalmente como parte de una línea de cuatro o cinco jugadores delante de la defensa). La disciplina es necesaria para mantener la posición, ya que los oponentes buscarán huecos que se dejen explotar.

Responsabilidades ofensivas

Aquí es donde los mediocampistas ofensivos entran en juego. A menudo, estarán entre los pasadores más fuertes del campo. Tendrán la versatilidad de pasar corto o largo, de cruzar y disparar. Estarán tranquilos frente a la portería y lo suficientemente conscientes para detectar cuando los compañeros estén en mejores posiciones.

Con tal variedad de responsabilidades, los centrocampistas ofensivos serán rápidos en tomar decisiones.

Responsabilidades en la transición

A menudo, la pelota se gana detrás de la línea que tiene el jugador. Luego se adelantará, estará disponible para un pase corto de un jugador defensivo y buscará correr más allá del delantero más lejano hacia las posiciones de anotación. Tomar la decisión de cuál de esos papeles adoptar es, a menudo, lo que hace la diferencia para ser un buen y destacado jugador en esta posición.

Ejemplos de juego profesional

Durante una década, el español Andrés Iniesta personificó el mediocampo de ataque. Durante la mayor parte de ese tiempo, el Barcelona fue considerado el mejor club del mundo, y España el mejor equipo internacional. Iniesta fue clave en ambos.

Esta fue la era del fútbol *tikki takka*: pasos rápidos, cortos y movimientos rápidos sin parar. Los oponentes simplemente no podían acercarse a los equipos que operaban de esta manera. Los resultados también fueron inmensamente agradables a los ojos de los espectadores. Iniesta fue el exponente perfecto de este tipo de juego.

Ahora está entrando en el canto del cisne de su carrera, jugando sus últimos días como profesional en la liga japonesa. Él se bajará de entre los grandes del juego. Lionel Messi (hablaremos más de él después) podría ser el nombre más sinónimo del reciente apogeo del Barcelona, pero habría sido un jugador de menor envergadura sin el trabajo de Iniesta a su alrededor.

Echa un vistazo a los viejos coches de los años 50 y 60. Clásicos. Hermosos para mirar, elegantes para conducir... pero tristemente no se adaptaron al mundo moderno, de cambio climático y conciencia ambiental; lo que nos lleva claramente, al extremo.

Introducción

La mayoría de los lectores de este libro serán jugadores y entrenadores que juegan por diversión y a un nivel de aficionados. Una de las muchas partes agradables de jugar a este nivel es que la posición de extremo sigue teniendo una gran parte del juego. Pacey, ganador del partido o transeúnte; depende de cómo lo tome el humor. Pero ver a un jugador sobrepasar a su fullback antes de azotar en un gran cruce hace que el corazón se acelere.

Lamentablemente, la imprevisibilidad que hace a un extremo tan excitante tiene poco lugar en el mundo de las estadísticas del juego moderno. La pérdida del delantero centro del "hombre blanco" también ha jugado su papel. Como resultado, se están desarrollando menos extremos a través del fútbol juvenil, siendo reemplazados por laterales y mediocampistas. Aun así, en los clubes más avanzados, todavía hay lugar para el pequeño inconformista.

Responsabilidades defensivas

El asunto es que una de las fuerzas de ataque más potentes de la oposición serán sus espaldas. Estos son los jugadores que pueden utilizar el espacio amplio en el campo. Por lo tanto, un extremo necesita rastrear hacia atrás, pero también empujando hacia adelante ellos mismos pueden limitar las oportunidades de estos defensores con mentalidad de ataque para avanzar en el campo; un caso perfecto de que la mejor forma de defensa es el ataque.

Responsabilidades ofensivas

Simple. Los extremos ganan partidos. Si esta es tu posición, haz tus cosas. No siempre funcionará, pero ten la fuerza mental para no dejar nunca de intentarlo. Para los entrenadores, un alerón es como una perla escondida entre una caja de bisutería: atesórala, aunque no brille en todas las ocasiones.

Responsabilidades en la transición

Cuando se gana el balón, el espacio ofensivo suele estar disponible. El trabajo del extremo es explotar esto. Cabeza ancha, haciendo el lanzamiento lo más grande posible. No hay tal cosa como un extremo lento, así que usa el ritmo inherente a la posición para avanzar y causar daño.

Ese ritmo puede ser importante cuando la transición es hacia la defensa. A menudo el extremo es el jugador lo suficientemente rápido para volver a ofrecer protección.

Ejemplos de juego profesional

Tal vez el último equipo que jugó con dos extremos fue el gran equipo del Bayern Múnich de principios de 2010. Aquí, con Arjen

Robben en un lado y Frank Ribery en el otro, los equipos podrían romperse.

En general, hoy en día, los entrenadores pueden utilizar un extremo para abrazar la línea de banda, mientras que el otro será un mediocampista central ancho; se espera que el lateral completo se adelante para proporcionar centros. Leroy Sane, un joven alemán que juega en el Manchester City es uno de los que debemos vigilar. Tiene un ritmo vertiginoso, puede vencer a un defensor con una variedad de trucos y habilidades, y también marca goles.

Sin embargo, es (como todos los mejores alerones, podríamos decir) inconsistente. Esto le ha costado un puesto de titular regular, tanto en su club como en su equipo internacional. Ni siquiera llegó a formar parte del equipo para la Copa del Mundo de 2018; aunque, dados sus resultados, es una decisión de la que su país puede haberse arrepentido.

Lo que será interesante es ver si, a medida que se desarrolla, sigue a tantos otros jóvenes prometedores y se mueve en el interior para convertirse en un centro delantero de pies ligeros, o si se mantiene amplio, tal vez liderando un resurgimiento del papel.

El chico del póster, la chica del pin-up, la posición que habría muerto el pelo y un pendiente de diamantes. El número 10. Esta es la evolución del segundo delantero. El jugador que más costará reemplazar. El número diez es la estrella.

El número 10

Introducción

Lionel Messi, David Silva, Wayne Rooney, Mesut Ozil, Ronaldinho. Retrocede unos años y llegas a los nombres de Zinedine Zidane, Dennis Bergkamp; incluso Georghi Hagi, Maradona, George Best, Pelé y, para algunos el más grande de todos, Ferenc Puskas.

Ser el hombre (o mujer) estrella en cualquier equipo trae sus propias presiones. La expectativa es que las actuaciones sean buenas, las asistencias sean abundantes, los objetivos regulares. Sin embargo, todo el mundo, desde el máximo internacional hasta el número 10 de nuestro equipo sub-10, tiene momentos en los que la forma los abandona. Tener la fuerza para retener la confianza durante esos momentos es lo que hace la diferencia.

Responsabilidades defensivas

Deberían ser pocas. Son parte de la presión que se ejerce sobre los defensores contrarios cuando juegan desde atrás, roles específicos en las jugadas a balón parado y un deber moral de rastrear cuando se pierde la posesión con seguridad; pero el trabajo del número 10 es ganar partidos. Es difícil hacerlo desde el área de penalización.

Responsabilidades ofensivas

Crear y marcar goles. ¿Qué podría ser más fácil (¡aparte de casi todo en el fútbol!)?

Responsabilidades en la transición

Cuando se pierde la pelota, todos los jugadores se ponen manos a la obra, y un buen número 10 trabajará duro para ponerse en forma defensiva, incluso persiguiendo cuando sea necesario. Cuando la transición está atacando, el número 10, como probablemente el mejor pasador del equipo, debería estar disponible para que el ganador del balón le descargue.

Ejemplos de juego profesional

Messi es el principal jugador del juego actual. Puede regatear, disparar, pasar. Lo más importante es que permanece tranquilo cuando surge una oportunidad de gol. Con la mayoría de los jugadores, siempre existe la duda de si van a golpear la red. En el caso de Messi, la certeza es tal que, en las raras ocasiones en que fracasa, causa una conmoción en la multitud.

La próxima vez que veamos al Barcelona, vale la pena intentar concentrarse completamente en Messi. Su talento único es irrumpir de repente en la vida. Puede parecer que está teniendo un juego tranquilo, pero tres ráfagas de acción resultan en un triplete marcado y una cómoda victoria para su equipo. Tiene casi todos los récords de goles del Barcelona, y marcó casi 620 veces en sus primeros 750 partidos con su club y su país. Eso es más sorprendente, dado que ha tenido la desgracia de jugar en un equipo nacional de inusual mediocridad.

Cuánto más de Messi tenemos es discutible; tiene 31 años, al momento de escribir este artículo, y los huelguistas tienden a desvanecerse a medida que entran en la treintena. Disfrutemos de él mientras podamos.

Y finalmente (casi), llegamos a la otra estrella del equipo: el centro hacia adelante.

El delantero central

Introducción

El delantero moderno es diferente al jugador de antaño. Los días del gran hombre blanco casi han terminado. Aunque todavía existen jugadores de este tipo, hoy se espera que contribuya mucho al juego general del equipo. Olivier Giroud, el delantero francés ganador de la Copa del Mundo, es un ejemplo. No logró anotar en la competición, pero se le consideraba una parte suficientemente importante del equipo como para empezar en todos los partidos importantes.

Ciertamente, Giroud es bueno en el aire, es grande y fuerte. Pero también tiene excelentes habilidades y una gran inteligencia futbolística que lleva a otros jugadores a la acción. Presiona desde el frente y juega un importante papel defensivo en todas las jugadas.

Ahora, es más común ahora el modelo de delantero central como el argentino Agüero. Un finalizador instintivo, es pequeño, móvil, rápido, que contribuye a todos los aspectos del juego, además de anotar regularmente.

Responsabilidades defensivas

Estas se dividen en tres categorías. A menudo se espera que el delantero central defienda las jugadas a balón parado, especialmente si es uno de los jugadores más grandes del equipo. Se pondrán detrás del balón cuando no lo tengan en su poder para reducir el espacio. Crucialmente, presionarán al portero y a los cuatro de atrás, con la intención de forzar un error o un pase equivocado.

Dado que este libro trata principalmente de la dureza mental, esto no es menos cierto para el delantero principal que para cualquier otro jugador. Cuando todo va bien, y los objetivos fluyen, también lo hace la confianza. Pero incluso los mejores jugadores tienen hechizos de magro y es importante desarrollar técnicas para mantener el espíritu en estas ocasiones.

Jugar de delantero central también es extremadamente agotador físicamente. Por eso, el número 9 es sustituido a menudo. Por cada cinco carreras al espacio hechas, la pelota podría, en un buen día, ser recibida una vez. Además, la posición requiere muchos esprints, una batalla física con los jugadores de la defensa central y un duro trabajo cruzando el campo para cerrar a los oponentes. Se requiere una aptitud física y mental extrema.

Responsabilidades ofensivas

Por supuesto, como principal delantero, se espera que el delantero central contribuya a los objetivos. Pero el jugador moderno también debe traer a otros al juego; retrasar el juego, tal vez ganando faltas para aliviar la presión y ser capaz de ser efectivo en cualquier lugar de la línea de frente.

Responsabilidades en la transición

Al atacar, debe ser objetivo para un pase temprano. Esto significa elegir entre quedarse corto y poner a otros en juego, o estirar a los defensores corriendo hacia los canales (los huecos entre y detrás de los defensores).

Ejemplos de juego profesional

Tomaremos dos jugadores del fútbol actual y reciente para representar la nueva raza de delanteros centro: Ronaldo y Thierry Henry. Ambos son alerones convertidos. Ambos tienen un buen ojo para el gol, son dribladores devastadores y están poseídos con una velocidad espantosa. Mientras que Ronaldo puede tener un poco más de lo tradicional, especialmente por su destreza aérea, cada uno ha contribuido de manera significativa a los éxitos de sus equipos en la conquista de la copa; Ronaldo con el Manchester United, Real Madrid y Portugal, y Henry con el Arsenal y Francia.

Por último, una palabra para los héroes realmente olvidados: los jugadores del equipo y los suplentes.

Los suplentes

Ya sea en el nivel profesional superior, en el juego aficionado o en el juvenil, el suplente juega un papel crucial. Un suplente positivo mejora la moral del equipo, contribuye mucho al entrenamiento y ofrece al entrenador alternativas en diferentes situaciones del partido.

Por supuesto, todos estamos involucrados en el fútbol porque queremos jugar. Es frustrante aparecer semana tras semana, pero con una oportunidad limitada. La fuerza mental aquí está en recordar que la oportunidad surgirá; incluso si eso significa mover equipos. Después de todo, las lesiones y las suspensiones crean espacios. Y en el equipo local U12, tal vez una repentina avalancha de deberes, o un jugador castigado por romper los juguetes de su hermana, significa que la oportunidad, un día, llegará.

Liderazgo

Finalmente, en este capítulo, una palabra sobre el liderazgo. La fuerza mental significa tomar el control. Significa trabajar para entender no solo nuestro propio papel, sino el de otros jugadores en cualquier formación que nuestro entrenador elija.

Hay tantas de ellas... Durante muchos años, la opción preferida fue la 4-4-2; más recientemente la 5-3-2 ofrecía más oportunidades para que los fullbacks avanzaran. El 4-3-3 parece ser el más en boga en este momento, al menos entre los clubes de primera. También ha habido formaciones sueltas, como la del fútbol del Ajax de los 70, donde cada jugador podía aparecer en cualquier posición. La formación del falso nueve eliminó a un delantero centro, y ese papel fue ocupado por los mediocampistas.

La capacidad de entender nuestro papel en estas diversas formaciones requiere un trabajo duro, pero hay recompensa. Del mismo modo, mientras que solo un jugador puede llevar el brazalete, un equipo con un campo lleno de líderes tendrá más éxito que uno con un solo jefe.

Llevarse bien con los compañeros de equipo

Ahora que hemos considerado con cierto detalle los papeles que podríamos necesitar para jugar en el campo y las demandas tanto mentales como físicas que cada uno conlleva, es hora de buscar formas de mejorar este aspecto mental vital del juego. En otras palabras, mejorar nuestra fuerza mental.

El primer aspecto es el espíritu de equipo, o, como el título del capítulo sugiere, llevarse bien con tus compañeros.

Considera un club profesional. En el nivel más alto, podría incluir cientos de jugadores, desde la academia hasta el equipo de primera. Habrá docenas de técnicos y demás asociados al club, desde la junta directiva hasta la señora del té.

Podemos reducirlo a la plantilla del primer equipo, que podría tener entre 25 y 30 jugadores. ¿Qué tienen en común? La respuesta es, a nivel profesional, muy poco. Aparte de, presumiblemente, el amor y el talento para jugar al fútbol y compartir la misma camiseta los días de partido. Los intereses externos variarán; el perfil de edad puede ser desde adolescentes mayores hasta finales de los treinta; las nacionalidades y los idiomas serán diferentes. Incluso sus salarios variarán enormemente por hacer, en general, el mismo trabajo.

¿No es lo mismo en cualquier situación laboral? Nadie esperaría que fuéramos mejores amigos en la oficina, pero, de alguna manera, se asume que así será en un equipo de fútbol. Sin embargo, incluso a nivel de aficionados y jóvenes, es muy poco probable que esto sea cierto, ¡o incluso deseable!

Jugar con tus mejores compañeros supone una presión añadida para el equipo. Los estudios sobre el fútbol juvenil sugieren que los jugadores pasan a sus amigos con una frecuencia desproporcionada, incluso cuando tienen mejores condiciones.

En el ambiente competitivo, la adrenalina alimenta el partido y las emociones se disparan, y se hace más daño a través de una pelea con un amigo que con un socio.

Así que, el primer punto a destacar es que no hay necesidad de ser mejores amigos con tus compañeros de equipo. Pero, siguiendo con esto, lo que es importante es el respeto mutuo, el apoyo y la comprensión. Es, a través de ellos, que se obtienen beneficios mentales.

Hay formas de arraigar ese respeto mutuo.

Objetivos compartidos

Compartir el marcador de goles es útil, pero más importante es que todo el equipo comparta un objetivo común. Ese objetivo será establecido por el entrenador; los mejores aseguran que es un proceso de colaboración, en el que cada participante tiene su opinión sobre la dirección que el equipo desea tomar.

Las razones por las que, en el ámbito profesional, equipos como el Bayern de Múnich y el Real Madrid tienen tanto éxito, es que todo el mundo, incluidos los aficionados, se siente involucrado en el progreso de su club.

Compartir el objetivo de un club le da a cada jugador un punto de enfoque. Mientras entiendan su papel en el logro de este objetivo, las relaciones entre los jugadores serán fuertes.

Una cultura de no culpabilidad

Desde la educación hasta los negocios, incluyendo el deporte y el fútbol, la toma de riesgos es importante. Los jugadores y entrenadores evalúan constantemente el resultado de sus jugadas en términos de peligro y recompensa. Así que, cuando Chuck, como extremo, decide disparar en lugar de cruzar a Mitch (que cree que está en una mejor posición), lo más probable es que lo haga porque siente que será lo mejor para el equipo, y no solo para él.

Si apoyamos una cultura de no culpabilidad, los jugadores desarrollan la confianza y dureza mental que eso conlleva. Cuando recordamos que ningún compañero de equipo falla deliberadamente un tiro, pierde un placaje, deja caer un cruce o cualquiera de los otros innumerables errores que son resultados inevitables de una situación de alta presión y competitividad, entonces se construyen en el equipo relaciones más fuertes y de apoyo.

Una actitud de respeto

Una vez más, cuando tenemos sentimientos hacia nuestros compañeros de equipo y sabemos que están haciendo lo mejor posible, aunque no sea suficiente, desarrollamos el respeto hacia ellos como jugadores. Como resultado, el espíritu de equipo se fortalece.

Sin embargo, a veces se producen problemas genuinos. Imagina que el portero se toma una botella de vino la noche anterior a la final de la Copa Amateur, y luego deja pasar un tiro de último minuto a través de sus piernas, y eso cuesta el trofeo. La crítica, en este caso, estaría bien merecida, e incluso debería esperársela. La mayoría de la gente estaría de acuerdo en eso. Sin embargo, luego de la crítica, el equipo debería poder seguir adelante. Todos cometemos errores, jugando o no, y no deben colgarse del cuello como un peso para siempre.

Sesiones de unión

Los que trabajamos como entrenadores o jugadores en el juego aficionado deberíamos mirar cómo hacen las cosas los profesionales, para imitarlas, en la medida de lo posible. Cuando el entrenador lleva al equipo una semana en Dubái a mitad de la temporada, es por una razón; tal vez simplemente sea para recargar baterías, o para trabajar la ética del equipo en un entorno diferente, donde las distracciones de la vida cotidiana son más distantes. Aquí hay algunas sugerencias para unir eventos que varían desde lo complejo hasta lo asombrosamente simple.

Hora de la gira:

Una opción es organizar una gira de equipo. A menos que el club sea muy rico, los jugadores deben esperar financiar un viaje como este. Aquí hay una breve lista de control para aquellos que son nuevos en la organización de un evento así. Es más fácil de lo que parece:

- Organizar un equipo de colegas para ayudar con la organización y en el viaje. En el caso de los jóvenes, a menudo los padres están dispuestos a participar. (Recuerda que, si la gira involucra a niños, deben revisar las condiciones de protección infantil del Estado correspondiente).
- Elije una ubicación preferida.

- Organiza las instalaciones. Esto puede llevar tiempo; los partidos tienen poco valor si no se pelean de manera uniforme.
- Planea un itinerario, usando los partidos como puntos centrales alrededor de los cuales se pueden organizar otras actividades.
- Encuentra un alojamiento.
- Organiza el transporte. Recuerda, no se trata solo de ir y venir a nuestro destino, sino también de moverse una vez en la región.
- Planifica actividades de ocio y formación (si se trata de niños, recuerda obtener los consentimientos para todas las actividades).
- Organiza la comida.
- Presupuesto. Incluye una contingencia.
- Reserva y disfruta.

Hay muchas empresas comerciales que, por su precio, se encargarán de organizarlo todo. Mi propia experiencia, sin embargo, es que es muy divertido hacer el trabajo tú mismo, y a menudo, la experiencia final es incluso mejor.

Viaje de unión del equipo

Puede ser cualquier cosa; desde un día de golf o un viaje a la playa hasta una actividad desafiante como el rappel o la espeleología. De hecho, sacar a los jugadores de su zona de confort puede generar vínculos más fuertes.

Día de la insignia

Este es un simple ejercicio de vinculación que realmente puede ayudar mejorar la relación entre los jugadores. Prepara una serie de insignias de "humor", con toda la gama de emociones, negativas y positivas. Cada jugador tiene que elegir uno que refleje su estado de ánimo del día. Divídelos en grupos y haz que discutan las razones de su estado de ánimo. Esto desarrollará la empatía dentro del grupo, fortaleciendo las relaciones. Esta actividad de vinculación puede ser desarrollada por otros miembros del grupo que quieran encontrar cosas positivas en las historias de sus compañeros de equipo.

¿Quién soy yo?

Una simple y divertida sesión de inicio de temporada que rompe barreras y hace reír a la gente. Haz etiquetas con nombres de personas famosas. Pégalas en las espaldas de los jugadores, una para cada uno.

Los jugadores deben averiguar quiénes son, cuestionando a sus compañeros de equipo. Las preguntas solo pueden recibir respuestas "sí o no".

Un ambiente libre de estrellas

Aquí hay un problema. Dentro de cualquier equipo, hay miembros que son más efectivos que otros. Sin embargo, ninguno es más grande que todo el equipo junto. ¿Cómo reconocer la calidad de estrella del mejor jugador, sin alienar al resto del equipo?

Por supuesto, mucho dependerá de la personalidad de la "estrella". Muchos de estos jugadores reconocen su capacidad, pero tienen un respeto absoluto por las habilidades de sus compañeros de equipo, dándose cuenta de que su propio éxito depende de los esfuerzos de los demás.

El equipo de la Unión de Rugby de Nueva Zelanda, los All Blacks, tienen un gran sistema para asegurar las buenas relaciones dentro del equipo. Puede que sean campeones mundiales y el mejor equipo del planeta, pero cada uno desempeña su papel. Ningún vestuario usado por los All Blacks se deja en desorden. Los jugadores se turnan, para limpiar. Desde la mayor estrella mundial hasta el más joven que espera desde el banco, todos tienen vínculo con la escoba.

Tales expectativas ayudan a que todos se sientan valorados, y que tienen un papel que desempeñar.

Éxito y fracaso compartidos

Por último, el buen entrenador, el líder efectivo, reforzará constantemente que el equipo triunfa y fracasa en conjunto. Además, la lección vital está arraigada a que el fracaso es el primer paso hacia un éxito mayor.

Cuando esa actitud está presente en todo el equipo, el respeto y el espíritu de equipo aumentan. Todo es un estado de ánimo. ¿Somos un equipo? ¿O somos una colección de individuos?

Terminaremos este capítulo repitiendo el punto de partida. No es necesario que cada miembro del equipo sea el mejor amigo de los otros, pero para que el equipo alcance su potencial, tiene que haber respeto mutuo.

Responder a situaciones difíciles en el campo de juego

En el próximo capítulo, vamos a examinar algunas de las teorías de superación de la adversidad y las formas en que jugar al fútbol puede ayudarnos a hacerlo, no solo en el campo, sino más ampliamente en la vida. Cuando desarrollamos esa resistencia, la adversidad se ve en perspectiva, y la confianza para volver a encarrilarnos se pone en primer plano.

Antes de esto, consideremos situaciones específicas que pueden ocurrir durante un juego, y pensemos formas en las que podemos desarrollar fortalezas mentales específicas para superarlas.

Ser abandonado...

Tal vez un jugador ha regresado de una lesión, tal vez estamos sufriendo una mala racha; cualquiera sea la razón, perder nuestro lugar en la alineación inicial es, en el mejor de los casos, frustrante; en el peor, devastador. Lidiar con esto puede ser difícil. Mucho depende de nuestra propia actitud ante este contratiempo; pero también de + la de nuestros compañeros de equipo... ¡Las bromas duelen, y más cuando estamos vulnerables! Al mismo tiempo, no hay nada peor que un silencio vergonzoso.

En primer lugar, tener en cuenta que la selección es algo que está fuera de nuestro control, ayuda mucho. Una buena salud mental implica centrarse en lo que podemos influir y no en lo que no. Por lo tanto, ponernos en forma y tan centrados como podamos y trabajar tan duro como sea posible en el entrenamiento son cosas que podemos controlar. Tomar la decisión final con respecto al once inicial, es algo que no.

Los que tienen una mentalidad positiva creen que todavía tienen mucho que ofrecer al equipo. Ven el contratiempo como una oportunidad para mejorar. Pasan el tiempo recordando la sensación de estar en el mejor momento; hablan con sus entrenadores y respetados compañeros de equipo para saber en qué pueden mejorar. Ven imágenes de jugadores a los que respetan y admiran, y prestan atención a lo que estos jugadores pueden ofrecerles para ser adaptado, en el nivel apropiado, a su propio juego.

Ser sustituido

Es raro que a un jugador le guste que lo saquen. Es una marca de la confianza del deportista, que siempre siente que puede hacer más por el equipo. Sin embargo, nos enfrentamos mejor a ser suplantados si buscamos lo positivo; tal vez el entrenador siente que ya hemos dado todo, y nuestra actuación va a bajar en los últimos veinte minutos debido a nuestro compromiso con los primeros setenta.

Tal vez sea necesario un cambio táctico, y eso implica un estilo de juego menos adecuado a nuestras propias fuerzas. Tal vez el juego está ganado, y el entrenador quiere darle a los demás una salida.

Cuando el resentimiento se acumula, siempre es mejor hablar con el entrenador a la fría luz del día para ver por qué nos ha suplantado. A veces, en ese momento, es difícil tener una visión completa de todo el partido, y ver el panorama general.

La acción que evitar es mostrar demasiado nuestra ira. Bastan videos de esas estrellas mimadas que tiran sus juguetes desde el cochecito, bajan por el túnel sin hacer ningún gesto a sus compañeros o el entrenador hace poco por el espíritu de equipo, y perderán más respeto que cualquier empatía por la situación.

Sufrir una lesión

Muchos profesionales describen el lesionarse como la parte más difícil de su trabajo. De la misma manera que nosotros jugamos porque nos encanta el juego, la élite encuentra satisfacción y placer en lo que se les paga (a menudo sustancialmente). Cuando, debido a la fragilidad de nuestros cuerpos, no podemos lograr todo lo que deseamos, podemos llegar a sentirnos muy abatidos.

En tales circunstancias, es crucial establecer un objetivo claro desde el momento en que salimos del campo para la próxima vez, en forma y listos para impresionar.

Es importante entonces desarrollar un camino para lograr ese objetivo. Este camino se crea con losas de pavimento de pequeños pasos realizables. El objetivo final puede parecer deprimentemente lejano, y puede hacer que perdamos la voluntad de llegar allí; pero si damos pequeños pasos, sentiremos que estamos progresando. Tomemos el ejemplo de una lesión grave: una rotura de tobillo.

El objetivo final es volver a jugar. Podríamos romper el logro de este objetivo (de acuerdo con el consejo de nuestro médico) de la siguiente manera:

- Reparar el daño físico sanando la lesión.
- Estudiar el juego mientras descansamos; por ejemplo, podríamos proponernos estudiar el arte de arbitrar mientras nuestro cuerpo es incapaz de ejercitarse, y tendríamos ese conocimiento cuando finalmente volvamos al campo.
- Desarrollar otro interés: durante este tiempo inactivo podríamos adoptar una habilidad de arte y artesanía, como la pintura, para mantener nuestra mente ocupada en los tiempos en que habríamos estado entrenando o jugando.
- Mantenerse en contacto con el equipo: tan pronto como podamos movernos, deberíamos ir a algunos entrenamientos y a todos los partidos. Eso nos ofrece el

beneficio de seguir siendo parte, aunque nuestra participación se limite a la observación y el apoyo.

- Trabajar en otros aspectos de la aptitud física: mientras nuestra pierna se recupera podríamos, por ejemplo, pasar tiempo trabajando la fuerza de la parte superior de nuestro cuerpo con pesas.

- Recuperar la forma física: aunque no podamos participar en sesiones de contacto, pronto podremos correr y estirar.

- Volver a entrenar: puede que tengamos que sentarnos fuera en los partidos para evitar volver a dañar nuestra lesión, pero jugar una vez más con los colegas ofrecerá un gran estímulo a nuestro estado de ánimo.

- Consigue una buena condición física: una vez que nuestro tobillo se recupere adecuadamente, podremos trabajar duro para volver a estar en forma. Con ese objetivo en la mente (y reforzado con una foto nuestra jugando pegada en la pared encima de nuestro ordenador) haremos un trabajo extra de acondicionamiento físico para acelerar el proceso de lograr el estado físico apto para el partido.

- Juega: meta alcanzada.

Ser expulsado

O amonestado. Seamos honestos: a veces nos merecemos eso. En otras ocasiones, podemos encontrarnos con un árbitro demasiado celoso. Lidiar con este tipo de adversidad es cuestión de dureza mental. ¿Podemos controlar las acciones del árbitro? En realidad, no, así que lo ignoramos y nos concentramos en nuestro juego. ¿Nos convertimos en menos jugadores si competimos menos ferozmente? Si la respuesta para nosotros es "sí", entonces debemos aceptar que a veces nos equivocaremos; eso trae consecuencias, pero no significa que seamos malos jugadores.

Habiendo dicho lo anterior, el jugador sabio bajará el tono de su enfoque naturalmente combativo, cuando ya se le haya amonestado con una tarjeta amarilla.

Perder el control

Respira profundo; un Mississippi, dos Mississippi, tres Mississippi, cuatro... llegar a diez permite que el cuerpo libere endorfinas calmantes y nuestra reacción a la falta que acabamos de recibir deje de amenazar con una tarjeta roja para nosotros, y garantiza una amarilla para nuestro agresivo oponente.

Alejarse de la situación también es buena idea, aunque cuando la niebla roja desciende, es más fácil decirlo que hacerlo. Muchas veces los profesionales modernos son criticados por rodar hasta la cubierta cuando reciben un mal golpe. Se les acusa de actuar, de intentar ganar un tiro libre o, peor aún, de hacer que un oponente sea amonestado. Hay algo de verdad en esto, pero los jugadores altamente competitivos también usan sus momentos en el terreno para evitar reaccionar. Es su equivalente a diez respiraciones profundas.

Entender a nuestros compañeros de equipo también puede ayudar en momentos donde se pierde el control. Si sabemos que un colega tiene mecha corta, podemos intervenir rápidamente cuando los ánimos se caldean y calmar la situación. Se trata de un trabajo en equipo y apoyo, y eso -como hemos visto- es uno de los fundamentos de la fortaleza mental.

Jugar mal

El dicho dice algo así como "la forma es temporal, la clase es permanente". En el siguiente capítulo discutimos los métodos para desarrollar la resistencia para hacer frente a la pérdida de estado físico, pero simplemente, mantenemos nuestro objetivo a la vista: hablamos con nuestros compañeros de equipo y entrenadores para escuchar sus consejos sobre cualquier cosa en la que podamos mejorar, y recordamos por qué jugamos, por diversión.

La pérdida del estado físico es inevitable en algún momento de nuestra carrera como jugadores; teniendo en cuenta la perspectiva de la vida en general, ¿importa? En realidad, no. La perspectiva ayuda a nuestra resistencia, y la resistencia a menudo lleva a que el problema desaparezca.

Frustración con un compañero de equipo

Esta es una situación especialmente difícil. A todos nos gustarán algunos compañeros de equipo más que otros; y esos compañeros de equipo nos verán de una manera variada. Eso es inevitable. También es inevitable que perdonemos los errores de los amigos más fácilmente que los de los jugadores que no nos simpatizan tanto. Como explicamos antes, la clave es mostrar respeto, y reconocer que nuestro colega está haciendo lo mejor que puede.

Mantener la empatía es una herramienta crucial para evitar la frustración con un compañero de equipo. La empatía abre la puerta y deja que la confianza fluya. Recuerda: nuestro principal objetivo es el éxito del equipo. Creer en nosotros mismos, en cada uno de nosotros, hace que esa meta sea más fácil de alcanzar. Si vamos a llenar la bañera, necesitamos que todas las fuentes de agua actúen juntas. Si algunos de esos grifos no funcionan a su mejor nivel, es mejor que haya algo de flujo a que no haya nada. Si no, la bañera podría, eventualmente llenarse, pero tomará mucho tiempo, y ¡el agua estará fría!

Breve mensaje del autor

Oye, ¿estás disfrutando del libro? ¡Me encantaría saber qué piensas!

Muchos lectores no saben lo difícil que es conseguir críticas y lo mucho que ayudan a un autor.

Estaría increíblemente agradecido si pudieras tomarte solo 60 segundos para escribir una breve reseña en Amazon, ¡aunque solo sean unas pocas frases!

Por favor, dirígete a la página del producto y deja una reseña, tal como se muestra a continuación.

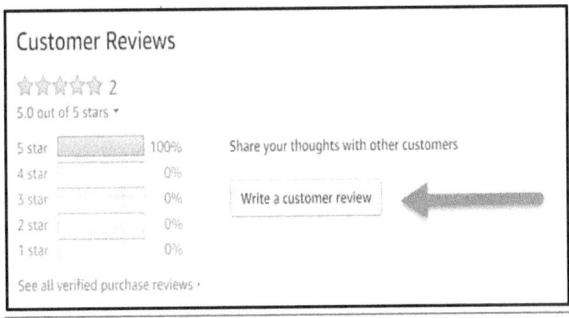

¡Gracias por tomarte el tiempo de compartir tu opinión!

Tu reseña hará una diferencia genuina para mí y me ayudará a ganar más exposición de mi trabajo.

El final... ¡casi!

Las opiniones no son fáciles de conseguir.

Como autor independiente, con un pequeño presupuesto de marketing, confío en que los lectores como tú dejen una pequeña reseña en Amazon.

¡Incluso si es solo una o dos frases!

Así que, si te gustó el libro, por favor, dirígete a la página del producto, y deja una reseña, tal como se muestra a continuación.

Estoy muy agradecido por tu opinión, ya que realmente marca la diferencia.

Gracias de todo corazón por comprar este libro y leerlo hasta el final.

Responder a los fracasos y adversidades personales

Todos tenemos la fuerza mental de un equilibrista que cruza el Niágara cuando las cosas van a nuestro favor. Nuestra confianza fluye, ese paso de campo cruzado de treinta yardas aterriza justo a los pies de nuestra espalda, y el tiro especulativo se anida en la esquina superior.

Pero el jugo del deporte es que, incluso para los mejores, no siempre va a nuestro favor. El desarrollo de la dureza mental en esas situaciones es lo que destaca a los jugadores más fuertes. Además, estas habilidades son transferibles a otras situaciones de la vida.

El punto desde dónde empezar es con la resistencia general. Así como la forma en que vivimos (en su mayoría, en Occidente) en ambientes de extrema higiene y, por lo tanto, podemos fallar en el desarrollo de anticuerpos para hacer frente a infecciones y cosas por el estilo, lo que lleva al aumento de condiciones físicas como el asma; de la misma manera, estamos fallando en el desarrollo de herramientas emocionales para hacer frente a los problemas.

Esto es especialmente cierto en el caso de los jóvenes, pero es aplicable a la generación *millennial* y las que siguen. Naturalmente, a medida que la población envejece y se desvanecen los que han desarrollado la resistencia a través de una crianza más dura, el riesgo es que veamos una población incapaz de hacer frente a las cosas que no salen como se planearon. Algunos se refieren a esto como la generación de los "copos de nieve".

No hay duda de que nuestros hijos son más mimados de lo que se solía ser. Para muchos, la opción de salir en bicicleta o deambular por el parque y dar una vuelta, o jugar un poco de baloncesto, se vuelve más limitada con cada generación. Al proteger a nuestros hijos y a nosotros mismos- del riesgo, estamos creando el problema de detener la capacidad natural del hombre para evaluar, enfrentar y superar la adversidad.

Esto se traduce en el campo de fútbol. El desarrollo de la capacidad de rebote ayudará al rendimiento del individuo, y posteriormente al rendimiento del equipo, pero quizás ayude más a ese individuo cuando tenga que enfrentarse a problemas en campos más amplios y de mayor importancia que un campo deportivo con un gol en cada extremo.

Sin embargo, la buena noticia, según los mejores entrenadores y psicólogos, es que el mismo acto de formar parte de un equipo contribuye al desarrollo de esa capacidad de recuperación. Los jugadores son lanzados a una posición en la que tienen que trabajar con diferentes personalidades. Su propio nivel de motivación puede compararse con el de otros. De repente, se encuentran en una situación en la que la colaboración con diferentes personas se convierte en la norma. Esto es beneficioso para los niños, pero también para los adultos.

Otra forma de superar la adversidad en el campo es estableciendo objetivos claros y compartidos. Por supuesto, el objetivo de cualquier partido es ganar, pero pueden ser más sofisticados que esto. Hasta cierto punto, ganar contiene una variable, tal vez dos, que están fuera del control del individuo y del equipo: la oposición y los árbitros. Si el rival es simplemente mejor que nuestro equipo, cada jugador es más fuerte, más rápido y con más talento, rara vez ganaremos.

El hombre considerado generalmente como el mejor entrenador del mundo en este momento es Pep Guardiola, el ex jugador del Barcelona. Su carrera de director técnico es una tarjeta de oro del éxito. Comenzó a cargo del equipo Barcelona B, el equipo en el que comienzan las estrellas mundiales emergentes. Desde aquí, fue rápidamente trasladado al equipo A; un equipo repleto, con Andrés Iniesta, Lionel Messi y Xavi. Una mirada a algunos de los jugadores que Guardiola pudo traer al equipo durante su primera temporada muestra que este era un club capaz de escoger lo mejor: Dani Alves, Alexander Hleb y Gerard Piqué. Después de sus exitosos años en Barcelona, se mudó al Bayern de Múnich, cuando la poderosa máquina alemana disfrutaba de uno de sus picos.

A continuación, y en la actualidad, pasó al Manchester City, un equipo financiado con dólares saudíes y con un propietario, el jeque Mansur, que no solo es uno de los hombres más ricos del mundo, sino que está dispuesto a gastar lo que sea necesario para garantizarse el éxito.

Guardiola tiene un éxito inmenso; es adorado y respetado tanto por los jugadores como por los aficionados. Muestra un fútbol emocionante y de ataque. Gana trofeo tras trofeo... pero cuando la persona con más dinero compra los mejores coches, viaja con más comodidad. Hay un dicho en Inglaterra que ilustra muy bien este punto. Ese país obsesionado con el fútbol está empapado de historia del juego duro, duro de placar. Ahh, pero "¿Guardiola podría hacerlo en Stoke, un húmedo martes?", preguntarán los astutos expertos del tema cuando discutan los mejores equipos, jugadores y entrenadores.

Stoke es, para los que no conocen la geografía inglesa, una ciudad industrial en el corazón del país. Las Tierras Medias son conocidas por su dureza, pobreza y malas calles. Stoke frecuentemente gana el dudoso premio de la ciudad con mayor índice de criminalidad de Gran Bretaña. Sus equipos desarrollaron una reputación por su buen estado físico; por ser fuertes y estar preparados para hacer lo que sea necesario para ganar. Su estadio, el Britannia, era un hervidero de pasión, los aficionados casi se metían en el campo. La idea de viajar a Stoke en una fría tarde de febrero, bajo las luces y en una ensordecedora arena de agresión, desafía la resistencia de todos.

En relación con los equipos de Guardiola, la pregunta significa, ¿podría alcanzar el mismo nivel de éxito con un grupo de jugadores de menos talento?

Sin embargo, una oposición mejor que nuestro equipo no es la única variable sobre la que no tenemos control. Además de esto, tenemos oficiales con los que lidiar. Una decisión clave equivocada, un penal equivocado, una tarjeta roja por una entrada que solo merecía una amarilla, puede quitarnos la victoria.

Por lo tanto, según psicólogos, los objetivos deben ser específicos y controlables. Por ejemplo, el equipo se formará rápidamente en dos bancos de cuatro, con los jugadores avanzados presionando la defensa, cuando se pierda la posesión. De esta manera, aunque la adversidad pueda costar una victoria, los objetivos que están bajo nuestro control todavía pueden ser alcanzados. Así, desarrollamos la capacidad de poner esa adversidad en perspectiva y superarla.

Los objetivos pueden ser a largo plazo y personales. Por ejemplo, un jugador podría tener el objetivo de convertirse en un regular del equipo oficial. Para eso, puede trabajar con su entrenador para desarrollar el camino para ese objetivo. Ese camino es largo y ventoso, pero las adversidades que inevitablemente surgen se abordan mejor cuando se tiene en cuenta el objetivo final.

Otra forma de superar la adversidad en el campo es desarrollar la capacidad de recoger los aspectos positivos y las lecciones de cada situación. Mucho de esto comienza con el liderazgo del equipo: el entrenador, el capitán. Cuando se tiene más líderes, se cosecha más. Por ejemplo, los jugadores de un equipo podrían estar decepcionados porque el árbitro no expulsó al mediocampo contrario por derribar a un jugador en posición de gol, y eso les costó el juego; sin embargo, los líderes animarán al grupo a mirar más allá, a los aspectos positivos y lecciones del partido.

Nuestra delantera pudo haber tenido una de esas tardes en las que todo lo que tocaba se convertía en viscosidad, pero un buen líder ayudará a considerar lo positivo de la actuación. ¡Quizás un movimiento permitió ponerse en la posición de perder ocho oportunidades de chapado en oro! En ese caso, también ayudarán a aprender de la experiencia, y así identificar lo que se puede mejorar en el rendimiento para que todos esos balones terminen en la red la próxima vez.

El mantra de que el fracaso es el paso previo al éxito ayuda a todos los participantes del equipo a ver la adversidad como una oportunidad en lugar de un problema.

Estar involucrado en un equipo ayuda a los jugadores a superar la adversidad, tanto en el campo como en la vida. Su participación desarrolla la autodisciplina, la gestión del tiempo y la importancia de trabajar en colaboración. Cada una de ellas hace que la adversidad sea menos común, y ayuda a mejorar la capacidad para enfrentarlas cuando surgen.

Los buenos equipos se consideran profesionales por su enfoque. Pueden ser aficionados, pueden estar formados por niños pequeños, pueden jugar por diversión, pero para obtener los mejores resultados (y por lo tanto la mayor diversión) serán profesionales en cuanto a su conducta, compromiso y relaciones con los demás. Ese profesionalismo ofrece un marco para que los jugadores recurran a él cuando la adversidad golpea (y seguramente lo hará). Así, el goleador que olvide cómo meter el balón en la red se sentirá decepcionado, frustrado. Pero él o ella sabrá que, si sigue entrenando, trabajando duro para estar en posición de anotar, eventualmente, esa adversidad pasará.

Podemos tomar un buen ejemplo de esto del juego profesional, en referencia al partido de España contra Inglaterra del que hablamos anteriormente. Raheem Sterling es el segundo mejor goleador de Inglaterra con el número 10 (¡la alineación es flexible!). Esa vez, al entrar en el partido, venía de tres años y medio sin marcar un gol internacional.

Sterling es uno de esos jugadores a los que las multitudes aman u odian. Los partidarios ven a un jugador trabajador y hábil cuyo movimiento crea espacio para los demás. Los oponentes lo consideran como alguien que busca caer en el área de penalización, y cuyas habilidades son llamativas pero ineficaces. Sterling es también uno de esos profesionales que atrae la atención de los medios de comunicación. Un día es el tatuaje de un rifle en su pierna (aparentemente, un miembro de la familia fue asesinado a tiros en las Indias Occidentales); otro son los cuentos de devoción a su madre que apestan de relaciones públicas. La opinión sobre él está dividida.

Pero, guste o no, Sterling continuó trabajando duro para llegar a posiciones de puntuación, para intentar goles. Dio resultado contra España, donde marcó dos veces. Al seguir luchando contra la adversidad que sufría por ser profesional, se convirtió en un héroe nacional.

Ser profesional en nuestro enfoque del deporte también significa ser profesional en otras áreas de nuestra vida. A través del deporte, nos convertimos en mejores personas, más exitosas y con mejores vínculos. Nuestra autoestima se eleva y así, en un ejemplo de círculo positivo, cuando la adversidad golpea, nuestra autoestima nos ayuda a atravesarlo. Esta es una gran ilustración de cómo el deporte puede ofrecernos beneficios para nuestra existencia.

La buena comunicación ayuda a la recuperación y a la resistencia. Hablar de cuándo, por qué y cómo las cosas van mal nos ayuda a superar los tiempos difíciles del deporte. El entrenador puede jugar un gran papel en esto, pero al desarrollar otros líderes en el equipo, la responsabilidad puede ser compartida y aligerada. El objetivo de esta comunicación es ser de apoyo, analítico, pero no crítico, recordar el objetivo final y averiguar cómo retomar al camino para lograrlo.

De nuevo, jugar al fútbol ofrece beneficios para toda la vida. Aprender las habilidades para superar la adversidad en el campo de juego da las herramientas para hacer frente también cuando sucedan en otro lugar. Pero en el entorno de un equipo, ese apoyo siempre está ahí; cuando la adversidad golpea en otras áreas de la vida, a menudo tenemos que afrontarla solos.

En conclusión, lo que hemos visto en este capítulo es que la adversidad golpea y golpea. No todos logran superarla. Pero si adoptamos la forma correcta de comportarnos, fijamos los objetivos correctos y trabajamos con otros para guiarnos y apoyarnos, nos colocamos en la posición más fuerte para superarla; y eso no sucede solo en el campo de fútbol, sino también en la vida.

Mejorar la disciplina a través de la dureza mental

¿Cuántos de nosotros hemos tratado de perder un poco de peso? ¿Y reducir nuestra ingesta de alcohol? –¿Y, que seguramente todos sabemos de esto, dejar de fumar? Es duro, ¿no? ¿Qué pasa cuando hay una elección? Es un día encantador y cálido. Nada está nublando el horizonte. Deberíamos ir a correr o hacer ejercicio en el gimnasio. O podríamos sentarnos en la tumbona con una cerveza fría en mano.

Sí, habrá algunos lectores para los que la elección sea fácil; ponte las zapatillas de deporte y vete al asfalto. La mayoría de nosotros, sin embargo, nos encontraremos desviándonos hacia la nevera mientras nos dirigimos a la puerta principal.

Tal comportamiento es natural. Todos los cazadores del reino animal tienen cortos períodos de intensa actividad seguidos de largos períodos de inactividad. Sabemos, sin embargo, que, si queremos obtener el máximo rendimiento y disfrute de nuestro partido de fútbol del sábado, tenemos que estar tan en forma física y mental como podamos.

Aquí es donde la autodisciplina entra en juego. Desmentiremos algunos mitos sobre esta característica vital:

La autodisciplina es fácil si intentamos

Retrocedamos un momento. Debajo de la civilización, el arte y la cultura que la humanidad ha desarrollado, somos solo una colección de animales. Necesitamos comer, respirar, reproducirnos. Esos son instintos abrumadores. Necesitamos hacerlos regularmente, los necesitamos ahora.

La autodisciplina consiste en resistir a esos instintos, posponiendo la gratificación instantánea que nuestros cuerpos y mentes exigen. Cuando practicamos la autodisciplina, estamos negando miles de años de evolución. El éxito es algo de lo que deberíamos estar profundamente orgullosos.

En contraste, la autodisciplina llega fácilmente para algunos.

Sí, incluso los mejores atletas preferirían hacer cualquier otra cosa antes que ponerse al borde de la enfermedad física, poner dolor en cada miembro y articulación, terminando con un frío e incómodo baño de hielo.

Así que, cuando la idea de entrenar nos hace hacer una mueca; cuando el entrenador pide ese sprint extra y nuestro corazón se cae, eso no es anormal. Un atleta de élite altamente afinado siente lo mismo.

La autodisciplina no es algo que tengamos o no tengamos...

Podemos aprender la autodisciplina. No es una característica que pertenezca a unos pocos, que así flotan a través de los elementos más duros de la vida, con una sonrisa en su rostro, mientras el resto de nosotros luchamos en el camino hacia el fracaso y un vaso de Chardonnay frío.

Consideremos exactamente lo que es la autodisciplina; es la capacidad de resistir las tentaciones que nos alejan de la persecución de un objetivo. Por lo tanto, cuando ese objetivo es lo suficientemente fuerte y el camino para alcanzarlo es lo suficientemente claro, entonces la autodisciplina se convierte en la norma y no en la batalla. El placer de lograr el objetivo supera los placeres a corto plazo que rompen con nuestra disciplina.

Autodisciplina contra instinto.

Muchos entrenadores dirían que esta capacidad de tomar decisiones es una de las características más importantes de un jugador de alto nivel. ¿Cuándo deja el centrocampista su puesto de cobertura para llegar tarde al área y hacer una jugada fluida? Supongamos que el ataque se rompe, nos golpean y se marca un gol a través del espacio que deberíamos cubrir.

Los mejores entrenadores aceptan que se puedan cometer errores; sin embrago, fomentan la disciplina, pero de una manera fluida que otorga a los jugadores la libertad de tomar decisiones. De hecho, se podría argumentar que la forma más elevada de autodisciplina es la voluntad de calcular el riesgo, y tomarlo cuando sea el momento adecuado.

Pensemos en el portero brasileño Alisson. Está considerado entre los tres o cuatro mejores porteros del mundo. Es un gran tapón de tiro, pero también encaja perfectamente en nuestra definición del papel de guardabosques moderno esbozado en el capítulo inicial.

Es bueno con la pelota en sus pies. Se arriesga porque, normalmente, se sale y crea más oportunidades de ataque para el equipo que el ocasional desastre que resulta de sus intentos de jugar el balón. El gerente de su club, el inspirador Jurgen Klopp, apoya esta toma de riesgos, la ve como la última forma de autodisciplina, porque el fracaso resulta en críticas. No de él; acepta que se cometan errores, y de sus compañeros, que saben que su propio juego de ataque resulta regularmente de un engaño de Alisson. Pero los medios de comunicación se alegran de destacar un error catastrófico (y cuando un portero se equivoca, los resultados son espectaculares), al igual que los aficionados contrarios.

En un partido reciente, Alisson recibió un pase trasero menos que perfecto del usualmente inmaculado defensor holandés Virgil Van Dijk. En el borde del área, y bajo la presión del delantero en carrera, intentó un giro de Cruyff, fue desposeído y el balón fue cruzado para un golpe.

Aun así, su equipo ganó el juego. Y tal vez una razón de ello fue que, si su turno difícil se hubiera cancelado, dos jugadores habrían quedado fuera del juego y su propio equipo habría tenido una gran oportunidad de ataque. Alisson tomó una decisión, tal vez equivocada en esta ocasión, pero al menos tuvo la disciplina de arriesgarse e intentarlo.

Por último, al considerar la autodisciplina, deberíamos volver a por qué jugamos al fútbol, en primer lugar. Es por el disfrute que obtenemos. Ciertamente, hay beneficios secundarios como la aptitud física, pero es el placer que obtenemos al ser parte de un equipo y de este deporte tan hermoso lo que nos atrae. Cuando salimos del campo sabiendo que hemos hecho nuestro trabajo lo mejor posible, que hemos contribuido todo lo que hemos podido, y que hemos mostrado respeto a nuestros compañeros de equipo, a la oposición y (¡a veces esto es más duro!) a los árbitros, la satisfacción aumenta.

Diez ejercicios mentales y visualizaciones

Cuando emprendemos un programa de acondicionamiento físico después del descanso entre temporadas, nuestra mejor apuesta para obtener el máximo rendimiento con la mínima cantidad de dolor es trabajar con regularidad, intensamente, pero por períodos cortos; nadie disfruta del dolor físico del ejercicio. Cuando se termina el entrenamiento, las endorfinas de la felicidad inundan el cuerpo, y entonces crean una buena sensación. Cuando llevamos ochenta minutos de un partido difícil y sentimos que acabamos de empezar, eso también es una recompensa por el ejercicio que hemos hecho. Pero mientras estamos empujando nuestro cuerpo hacia los límites de una máquina ciclista, y las únicas desviaciones son la pantalla plana y el grito de dolor de nuestras piernas, las cosas son diferentes.

A medida que nos esforzamos a lo largo de una serie de carreras de lanzaderas sin parar, los pulmones estallan y la bilis sube, y solo el objetivo final es lo que nos mantiene en marcha. Lo mismo sucede con el desarrollo de la dureza mental. Podemos mejorarla con los ejercicios, necesitamos trabajar intensamente en ella, pero al mismo tiempo debemos trabajar regularmente y de a ráfagas cortas.

Agradece

Sí, un ejercicio tan simple como ese puede ayudarte con tu fortaleza mental. Para trabajar mejor, deberíamos formalizar el proceso. Cada día enumera tres cosas por las que estés agradecido. Hazlo formalmente, en un diario, a una hora determinada (como cuando te levantas, o como si estuvieras discutiéndolo con tu compañero durante la cena).

Estos agradecimientos pueden ser tan amplias o estrechas como queramos. Ciertamente, ser específico hace que el proceso sea más fácil de sostener. Pronto nos quedamos sin las grandes cosas de la vida. Así que, en lugar de estar agradecido por tus hijos, escribe que estás agradecido por la sonrisa de tu hijo de cuatro años cuando al del trabajo.

Con el tiempo, este simple ejercicio hará que automáticamente te vuelvas agradecido por los elementos que hay en tu vida. Y esto tiene enormes beneficios emocionales y, créanlo o no, físicos. Emocionalmente, la adversidad se ve en perspectiva; ¿perder una oportunidad clara frente a la meta es realmente importante comparado con compartir una risa con nuestros compañeros? Al estar agradecidos, nos convertimos en una persona más positiva. La ley de atracción comienza a aplicarse. Las personas positivas se sienten atraídas por las personas positivas, y esa energía y entusiasmo, se comparte. (A la inversa, ¡los negativos atraen a los negativos!)

La gratitud también nos ayuda a relajarnos; significa que dormiremos mejor y desarrollaremos una inmunidad más fuerte contra las infecciones.

Mindfulness

Es un término un poco escuchado en este momento, pero los expertos en atención nos dirán que en realidad ha existido desde hace muchos siglos. La atención se trata de estar en el "ahora", no preocuparse por el pasado (¿acaso los fracasos no ocupan más espacio en nuestra memoria que los éxitos?) o por el futuro.

De nuevo, necesitamos perforar nuestros cuerpos para lograrlo.

- Siéntate o párate en un espacio tranquilo y concéntrate en tu cuerpo, pieza a pieza. Enfócate en cómo se siente cada parte.

- Aprecia la habitación en la que estás, notando cada parte en detalle (en una habitación concurrida, podríamos concentrarnos en una parte diferente cada día).

- Siente tu respiración. Respira larga y lentamente para ayudar a la relajación.

Estas deberían ser actividades diarias. Solo tardas un momento en hacerlo. Con el tiempo, nuestra capacidad de concentración mejorará. ¡No es necesario decir lo útil que es eso en el campo!

La vida perfecta

Todos tenemos nuestros sueños: "Voy a comprar ese Jaguar cuando haya ganado suficiente dinero"; "Me voy a sentir muy bien después de que consiga mi ascenso"...

La investigación muestra que, si nos comportamos *como si* ya estuviéramos en nuestros sueños, es más probable que los alcancemos y que nos sintamos mejor con nosotros mismos a medida que avanzamos hacia este estado ideal.

Este ejercicio de resistencia mental se utiliza a menudo en el deporte profesional, ya que el rol del psicólogo juega un papel cada vez más importante. En los penales, a los jugadores se les dice que visualicen el balón en el fondo de la red. Los porteros se imaginan la inmersión que produce la maravillosa salvada. Por supuesto, no siempre funciona. Los tiros libres todavía terminan en el nivel superior de la tribuna detrás de la meta, pero este acto de visualización nos permite tener éxito en nuestros objetivos más a menudo. El éxito en el logro de nuestros objetivos, a menudo, significa logras nuestros objetivos.

En un sentido práctico, podemos elegir un sueño al día (no tiene que ser grande), e imaginar que lo hemos logrado, sentir cómo nos sentiremos, y actuar de esa manera. Con el tiempo, nuestra positividad crecerá, y, por lo tanto, también nuestra fortaleza mental.

Reevaluarnos a nosotros mismos

Algunos de nosotros no somos buenos en matemáticas. Otros no pueden realizar ni siquiera el más básico de los trabajos de bricolaje. En realidad, podemos. Puede que no seamos Pitágoras, pero a menos que tengamos una condición específica que nos detenga, estaremos usando los principios matemáticos constantemente y con éxito. ¿Cuánto cambio conseguiremos en la tienda? ¿Cuál es el ángulo para mover el auto hacia el estacionamiento? ¿Somos inútiles con nuestras manos? ¿Qué hay de la jardinería que hacemos? ¿Qué hay de arreglar la espada rota de nuestro hijo? ¿Y de cambiar una bombilla?

Nuestras ideas preconcebidas sobre nosotros mismos tienden a ser blancas y negras. La verdad es que, a menudo, somos un manojo de sombras. Nuestro objetivo es mirar una preconcepción por día, evaluarla y hacerla más veraz.

No pasará mucho tiempo antes de que nuestra percepción de nosotros mismos sea más positiva.

No podemos hacer todo

Solo podemos afectar a las cosas que están bajo nuestro control. Tienes que ver a tus suegros este fin de semana. Es la fiesta anual del aniversario de la boda. Toda la familia de tu pareja estará allí. Los niños se aburrirán; es un viaje de tres horas ida y vuelta y el día se dedicará a recordar cosas de las que no sabemos nada.

¿Podemos controlar eso? No. Es mejor centrarse en lo que podemos influenciar. Podemos tratar de posicionarnos cerca del tío Joe que siempre nos hace reír. Comer el pastel de carne de la suegra que es para morirse.

Nuestro entrenador (si es que es bueno) nos dirá la importancia de usar nuestra energía en el campo sabiamente. Los delanteros no deben perseguir todas las causas perdidas; la única vez que una acción de este tipo cosecha un dividendo es más que negada por el hecho de que no podremos funcionar durante los últimos veinte minutos del partido cada vez. Del mismo modo, nuestra energía mental es limitada. Deberíamos usarla en las cosas que podemos hacer.

En cierto modo, esto ni siquiera es un simulacro. Simplemente, cuando empezamos a preocuparnos o a inquietarnos por algo, debemos preguntarnos si podemos controlar la situación. Si la respuesta es no, seguimos adelante. Con el tiempo, descubriremos que nuestras mentes se centran solo en aquellas partes de la vida en las que pueden influir.

Esto tendrá el beneficio práctico en el campo de fútbol de hacernos más fuertes en la adversidad. Fallamos el placaje. ¿Podemos retroceder en el tiempo y volver a intentarlo? No. Nuestras mentes nos dirán que sigamos adelante y nos concentremos en el presente en lugar de preocuparnos por el pasado.

Piensa en tu pensamiento

Rara vez analizamos nuestros procesos de pensamiento. Podemos entrenarnos para hacerlo. Cada día, toma un pensamiento que hayas tenido recientemente.

Considera por qué lo has pensado, cómo te hizo sentir y qué diferencia hizo en esa parte momentánea de tu vida. Entonces, cuando cualquiera de los anteriores sea negativo, reemplázalos por otros positivos.

Con el tiempo, descubriremos que nuestro pensamiento se vuelve más positivo, y nuestra resistencia mejorará como consecuencia.

Ilustremos esto con un ejemplo directamente del fútbol. Ayer tuvimos una pelea con nuestro compañero del centro en el entrenamiento. En la práctica del partido, se había movido hacia arriba, nos habíamos quedado atrás, un delantero contrario se quedó en el espacio; nos gritamos el uno al otro sobre de quién fue la culpa. Apenas volvimos a hablar durante el partido.

Ahora, pensemos una opinión positiva sobre el incidente. Compartimos nuestros puntos de vista honestos y los sacamos a la luz. Nos comunicamos (si lo hubiéramos hecho durante el partido, probablemente no se habría marcado el gol del equipo contrario). El error fue en el entrenamiento y, al haberlo cometido, es menos probable que ocurra en la situación más importante del partido.

Aceptar las emociones

Físicamente, a veces nos lastimamos. Es una consecuencia de practicar un deporte activo, de contacto. Es inevitable. Cuando nos lesionamos es frustrante, pero no significa que seamos menos jugadores o menos personas.

Del mismo modo, a veces nos volvemos emocionales. Perderemos los estribos, nos deprimiremos, nos sentiremos un fracaso. Tan pronto como aceptemos que estos pensamientos y acciones negativas son normales y no un signo de debilidad o fracaso por nuestra parte, nos enfrentaremos a ellos más fácilmente y los erradicaremos más rápidamente.

Cada día, toma una emoción o pensamiento negativo que hayas experimentado. Considera por qué lo sientes. Conviértelo en positivo. Averigua qué lección has aprendido. Al menos una vez a la semana, sácate de tu zona de confort. Tal vez puede ser hablar con las madres de los partidos, las que normalmente evitamos cuando nuestro hijo de diez años juega el partido semanal. Tal vez añadir un cuarto de hora extra a tu carrera diaria, o superar tu miedo a nadar yendo a la piscina.

Imagina el siguiente escenario para ver cómo este simulacro nos beneficiará en términos de resistencia en un partido de fútbol. Estamos 2-1 abajo, con diez minutos para el final. Eres el mejor lanzador de penales del equipo, y se te concede uno. Das un paso adelante... y fallas.

Tus hombros se caen, y eres consciente de que tu confianza se agota como un baño con goteras. En el tiempo de descuento, se nos concede otra penalización. Cada uno de nosotros está gritando para que alguien más de un paso adelante; pero somos los mejores tomadores. El equipo tiene más posibilidades de beneficiarse si asumimos la responsabilidad. Convertimos la negatividad en positividad. No visualizamos la penalización anterior. Ahora lo haremos. Nuestro equipo evita la derrota.

Reflexión

Aquí hay un importante pero simple ejercicio diario. Toma un diario. Al final de cada día, pasa cinco minutos reflexionando sobre lo que has logrado en las veinticuatro horas anteriores. No tienen por qué ser grandes éxitos. No tienes promociones a diario. Los éxitos podrían incluir la mezcla de un martini particularmente bueno, llevar a los niños a la escuela sin discutir, compartir una broma que fue apreciada.

Elige tus tres mejores éxitos y anótalos. La escritura es importante, porque crea un registro permanente y también es un procedimiento relativamente lento. Eso nos permite reflexionar sobre el éxito con más detalle.

Con el tiempo, desarrollaremos una mayor autoestima, nos sentiremos mejor con nosotros mismos y, por lo tanto, tendremos mayor resistencia en tiempos de adversidad.

Deja tu zona de confort

Este es un ejercicio a largo plazo y más desafiante, pero es muy eficaz para desarrollar la fortaleza mental.

Simplemente, mira una habilidad que no poseas, y busca adquirirla. Probablemente es mejor que NO sea una habilidad específicamente relacionada con el fútbol, porque aquí estarás buscando entrenar tu mente para que puedas tener más confianza cuando la necesidad surja en el campo.

Por ejemplo, podemos aspirar a aprender a hablar francés. Podríamos hacer un curso de pintura o un curso de decoración. Podríamos aprender a hacer kayak. Puede que prefieras aprender a tocar la guitarra.

La clave es que el objetivo debe ser uno que nos complacerá adquirir, pero en el que creemos que no tenemos la capacidad de lograr.

Cuando consigas el éxito, tu autoestima será más alta, habrás superado las dificultades para alcanzar el objetivo, habrás trabajado a largo plazo para adquirir una habilidad. Al mismo tiempo, como lo que estás haciendo no es esencial para tu vida, si toma más tiempo del esperado, o si necesitas un descanso, no debería ser un gran problema.

Usar nuestros diarios

Varios de los ejercicios mencionados anteriormente implican el registro de nuestros pensamientos y sentimientos. Hacer registros permanentes es una buena forma de desarrollar la fortaleza mental; al igual de útil que sería una grabación en vídeo de nuestra actuación en un partido. No necesitamos estar jugando a un nivel de élite para lograrlo, ¡solo consigue que un amigo te grabe con su teléfono!

Luego, revisa tus diarios o grabaciones de forma regular (pero no diaria). Al mirar tus registros, te llegarán pensamientos positivos. Te sentirás mejor contigo mismo, y una vez más tu resistencia aumentará.

Cómo construir un plan de mejora del rendimiento personal

El papel del psicólogo deportivo aumenta cada vez más a nivel profesional. Los entrenadores han reconocido que el lado mental de la competición es tan importante como el físico. Un jugador necesita desarrollar su potencial, y lo hará si desarrolla la confianza en sí mismo y la resistencia; estas son características de la fortaleza mental.

Un jugador promedio puede ser más efectivo con una gran fuerza mental; la disciplina mejorará al igual que la concentración y la superación de los errores. El jugador estrella producirá sus actuaciones de giro de partido con más regularidad, si posee este activo.

La dureza mental es, como hemos visto a través de este libro, creer en nosotros mismos. Cuando lo hacemos, nos sentimos bien. Nuestra positividad atrae a otras positividades, fortaleciéndonos aún más. Inevitablemente, hay veces en que las cosas van en contra nuestra en el campo de fútbol. Es ahí cuando nuestra fortaleza mental nos permite superar la adversidad que enfrentamos. El problema ocurre y desaparece, en lugar de persistir e interrumpir el rendimiento futuro.

El concepto de un plan de mejora personal tiene sus raíces en un entorno ligeramente menos positivo que producir lo mejor en el campo de fútbol; estas herramientas útiles comenzaron como una forma políticamente correcta de que los empleadores buscaran mejoras en sus trabajadores, y si no, que se fueran. Sin embargo, los principios funcionan magníficamente para mejorar nuestro rendimiento futbolístico.

Vamos a centrarnos en el contexto de mejorar la parte mental de nuestras actuaciones, pero podemos ver que se puede desarrollar un plan para cualquier aspecto de nuestra vida.

SMART

Aquí es donde empezamos. Cualquier plan que se nos ocurra debe cumplir con nuestro criterio de "inteligente".

- S - Específico. Mejorar nuestra resistencia es un objetivo demasiado amplio, por eso necesitamos empezar con un elemento particular. Para un ejemplo, usaremos el escenario de intentar mejorar nuestro registro disciplinario: estamos regalando demasiados tiros libres y ganando demasiadas tarjetas amarillas por el bien del equipo.
- M - Medible. Es muy sencillo en este escenario. Tenemos que reducir el número de tiros libres que se regalan. Como resultado, nuestra colección de tarjetas amarillas se reducirá, Pero fijar un objetivo específico ayuda; digamos que no más de cinco tiros libres a deben ser concedidos en un partido, buscaremos un promedio de solo uno cada tres partidos en posiciones peligrosas.
- A - Alcanzable. A menos que todas las partes se comprometan con los objetivos, no lograrán alcanzarlos.
- R - Realista. Obviamente, no queremos dar tiros libres. Pero hacer eso significa no hacer ningún placaje;

inevitablemente, algunos serán mal calculados, otros serán juzgados incorrectamente por los árbitros.

- T – Tiempo específico. Entonces, el objetivo sería algo como: en los próximos diez partidos no se deben conceder más de treinta tiros libres, con un máximo de tres en zonas peligrosas.

Consecuencias

Estas deberían ser, en su mayoría, positivas. Aunque demasiada presión puede ser, a menudo, negativa. Por lo tanto, las consecuencias del éxito podrían incluir comenzar con más regularidad, ser subrogado con menos frecuencia, recibir menos suspensiones y, por supuesto, mejores resultados para el equipo.

Sin embargo, algunos jugadores responden bien tanto al palo como a la zanahoria. Dado que las medidas serán acordadas, si todas las partes están contentas con esto, podría haber un resultado negativo si la mejora no se alcanza, como, por ejemplo, perder nuestro lugar en el equipo.

Identificación de posibles desventajas

Esto es importante. Se puede argumentar razonablemente que Diego Maradona tuvo una buena racha salvaje. También fue, en su día, el mejor jugador del mundo. Perder esa racha salvaje completamente lo habría cambiado como persona, y probablemente como jugador. Fue su gran audacia la que lo hizo grande; si perdía eso, una parte de su juego desaparecería.

Por el contrario, el excapitán de Inglaterra y del Arsenal, Tony Adams, fue considerado uno de los mayores líderes en un campo de fútbol de su generación; aunque también era un alcohólico. Esto impactó en su habilidad para entrenar, y al menos en una ocasión, jugó ebrio un partido de alto nivel. Recuerda haber intentado una carrera por la línea, y haberse caído.

Evidentemente, solucionó su problema de alcoholismo y eso lo hizo mejorar como jugador (estaba en forma), mejoró su historial disciplinario y extendió su carrera.

Nuestra concesión de tiros libres podría ser compensada por el número de veces que rompemos exitosamente los ataques. Todo esto debe ser considerado al establecer el objetivo.

Entrenamiento

Si pudiéramos lograr la mejora que buscamos con solo pensarlo, entonces lo haríamos. Pero en realidad, necesitamos practicar para abordar nuestra dificultad y lograr esa mejora. Esto puede implicar algo de experimentación. Por ejemplo, podríamos adoptar una posición de partida cinco metros más profunda para darnos más tiempo al hacer un placaje. Podemos concentrarnos en mantenernos en pie.

Tal vez impugnamos las decisiones de tiro libre en nuestra contra, molestando a los árbitros. Podríamos tratar de desarrollar ejercicios de respiración que nos calmen, y que, en el calor rojo de un partido, nos impidan mostrar disidencia.

Promulgar

Una vez que hemos acordado y establecido nuestro plan de mejora del rendimiento, hay que promulgarlo. Es importante que nos atengamos a los principios acordados, llevemos a cabo el entrenamiento requerido y creamos en lo que nos proponemos lograr.

Evaluar

En la etapa final del objetivo, hacemos la pregunta: "¿Ha funcionado?" Como hemos establecido objetivos medibles, podremos ver claramente si lo ha hecho o no. Sin embargo, hay una advertencia aquí: el fútbol es un deporte fluido y orgánico. Aunque podemos separar las habilidades, las actitudes y las jugadas buscando desarrollarlas, en la situación del partido la combinación de todos los diferentes aspectos del juego es lo que hace que un equipo tenga éxito.

Aunque nuestros propios objetivos puedan ser alcanzados, el impacto general podría, en raras ocasiones, ser negativo. Digamos que hemos alcanzado nuestro objetivo de tiro libre, y estamos recibiendo menos tarjetas amarillas como resultado. Sin embargo, el rendimiento del equipo en general ha disminuido. Claramente, tenemos que trabajar con el entrenador para ver si la mejora de nuestro juego personal ha sido perjudicial para el éxito general del equipo, o si otros factores han contribuido a ello.

Un último punto para destacar es que cualquier objetivo en particular debe ser visto como parte de un plan, uno que nos lleve a nuestra mejora como jugadores. Los mejores jugadores se fijan planes continuamente, pero mejoran por etapas. A menudo, por ejemplo, si nuestra disciplina mejora, también lo hace nuestro juego. No nos encontramos con una tarjeta amarilla en los primeros diez minutos, y, por lo tanto, no tenemos que templar nuestro juego en caso de que cometamos otro error.

Un buen ejemplo de un objetivo del juego profesional se puede ver en dos personajes que ya hemos mencionado, el delantero Raheem Sterling y el entrenador Pep Guardiola. Sterling es un jugador de talento natural, pero había debilidades en su juego. Perdía la posesión con demasiada frecuencia, y no marcaba suficientes goles. La evidencia de la formación compartida con los medios de comunicación muestra cómo Guardiola y Sterling abordaron esto. En primer lugar, Guardiola fue visto trabajando con Sterling en la posición de su cuerpo al recibir la pelota. Pronto estuvo reteniendo la posesión con más regularidad. Solo cuando eso se solucionó, vimos a Sterling entrar en el área de penalización más a menudo, y su promedio de puntuación mejoró consecuentemente.

Conclusión

Confiamos en que hayas encontrado las lecciones y consejos del libro útiles y valiosos. Nuestra fortaleza mental es una parte crucial de nuestro rendimiento general. Es lo que nos permite alcanzar nuestro potencial. Nuestra fuerza mental es la que nos da la concentración, especialmente cuando estamos cansados físicamente para continuar haciendo nuestro trabajo, mantener nuestra forma y desempeñar nuestro papel en el equipo.

La adversidad es una parte inevitable del deporte. Por cada ganador hay un perdedor, y a veces seremos nosotros. Es la forma en que lidiamos con esta adversidad lo que nos forma como jugadores (y entrenadores). Eso es tan cierto para el de 55 años que sigue participando en el equipo de veteranos como para el de 10 años que se mete en los deportes de equipo por primera vez.

Es tan relevante para el jugador ocasional de la Liga Dominical como para el profesional de primera línea. Jugamos al fútbol porque lo disfrutamos; y lo disfrutamos más cuando lo hacemos bien.

A partir de este libro, deberías haber tomado una imagen más clara del papel de cada posición en el equipo. Habrás visto la importancia de la fortaleza mental, observado formas de superar la adversidad y estudiado los ejercicios y planes que pueden ayudarte (y ayudarnos a todos) a mejorar esta fortaleza mental.

A lo largo del libro, hemos tratado de poner esta información en el contexto del juego profesional; es el punto de referencia de nuestro deporte, es el vértice al que apuntamos. Aunque la mayoría de nosotros no llegará, tomamos las mejores lecciones y las adaptamos a nuestras propias necesidades y situaciones.

Gracias por comprar el libro.